Voor Giacomo

Op www.vierwindstreken.com kunt u zich aanmelden voor onze nieuwsbrief.
Hier vindt u ook al onze boeken en andere artikelen.

Nederlandse tekst van M.E. Ander
Oorspronkelijke titel: *Quanto è grande un elefante?*

Tekst en illustraties van Rossana Bossù
 Gedrukt in Italië
NUR 228, 272 / ISBN 978 90 5116 431 2

Rossana Bossù

HOE GROOT IS EEN OLIFANT?

De Vier Windstreken

1

IJSBEER

IS KLEINER

DAN EEN

ER PASSEN
7 IJSBEREN
IN EEN OLIFANT

1

LEEUW
IS KLEINER
DAN EEN

ER PASSEN
4 LEEUWEN
IN EEN IJSBEER

1

KROKODIL
IS KLEINER
DAN EEN

ER PASSEN
3 KROKODILLEN
IN EEN LEEUW

1

KEIZERSPINGUÏN IS KLEINER DAN EEN

ER PASSEN

5 KEIZERSPINGUÏNS

IN EEN KROKODIL

1

RINGSTAARTMAKI
IS KLEINER
DAN EEN

ER PASSEN
10 RINGSTAARTMAKI'S
IN EEN KEIZERSPINGUÏN

1

VLO
IS KLEINER
DAN EEN

ER PASSEN

1.127.003

VLOOIEN

IN EEN RINGSTAARTMAKI

ER WORDT WEL EENS GEZEGD:
ZO GROOT ALS EEN OLIFANT
OF
ZO KLEIN ALS EEN VLO...

... MAAR ER IS EEN DIER
DAT NOG VEEL, VEEL,
VEEL GROTER
IS DAN EEN OLIFANT!

IN EEN WALVIS PASSEN